ルース・ベイダー・ギンズバーグ

RUTH BADER GINSBURG

信念は社会を変えた！

ジェフ・ブラックウェル&ルース・ホブデイ／編　橋本 恵／訳

NELSON MANDELA
FOUNDATION
Living the legacy

Interview and photography
Geoff Blackwell

ルース・ベイダー・ギンズバーグ

ネルソン・マンデラと、その遺志《いし》に捧《ささ》ぐ

私《わたし》の夢は、社会のあらゆる階層《かいそう》で、

男性と女性が真の意味でパートナーとなり、

今よりも暮《く》らしやすい世界が

実現することです。

序章

一九五六年、ルース・ベイダー・ギンズバーグがハーバード大学ロースクールに入学したとき、新入生の男子は約五百人いたが、女子は九人しかいなかった。数ある校舎の中で、女子トイレがあるのは一棟《とう》だけだった。当時のアメリカに男女差別を禁じる法律《ほうりつ》はなく、法律《ほうりつ》事務所の中には、就職《しゅうしょく》に際して、女性には面接さえしないところもあった。

現在とは違《ちが》い、女性の社会進出に厳《きび》しい時代だった。しかし、ギンズバーグはひるまなかった。

ギンズバーグがロースクールで法律《ほうりつ》の勉強を始めたのは、第一子がまだ十四カ月の時だった。夫のマーティンが法律《ほうりつ》の学位を取得し、高報酬《ほうしゅう》の職に就《つ》ける可能性が高かったので、生活のために働く必要はなかったが、かねてより自立したいと考えていたから就職《しゅうしょく》したのだった。

自立したいという願望は、ギンズバーグがティーンエイジャーのときに亡《な》くなった母親の影響《えいきょう》があった。「当時、たいていの女子の親は娘《むすめ》には理想の男性を見つけて、末永く幸せに暮《く》らしてほしいと願っていました。けれど母が私《わたし》に願ったのは、自立することでした」[*1] こうしてギンズバーグは、母親のアドバイスを聞き入れて、自分自身の人生を歩み始めた。

多くのアメリカ人が恐怖《きょうふ》と疑念《ぎねん》にとらわれた一九五〇年代の赤狩《が》[*〈i〉]りの頃《ころ》、ギンズバーグは法《ほう》曹界《そうかい》で働きたいと考えるようになった。「法律《ほうりつ》に興味を持ち、アメリカを、アメリカの最も基本的な価値観《かちかん》、すなわち、自分の信じるままに考え、話し、書く権利《けんり》があるといった価値観《かちかん》を保てる国にするために、何かしたいと思うようになりました」*2

ギンズバーグは一九六〇年代初めに、スウェーデンの司法制度について本を執筆《しっぴつ》し、それを契機《けいき》に法律《ほうりつ》への関心がさらに強まっていった。スウェーデンでは、〝男は一家の大黒柱、女は専業主婦《せんぎょうしゅふ》〟という当時のアメリカの常識がすでに廃《すた》れていた。スウェーデンで主要な出版物に寄稿《きこう》していたジャーナリストたちは男女平等を理想とし、ストックホルム・デイリー紙は「両親がともにフルタイムで働いているのに、なぜ、今なお母親だけが、子育てと料理と掃除《そうじ》をして当然なのか？」という記事を掲載《けいさい》した。ギンズバーグはスウェーデン社会への関心を通して、法律《ほうりつ》を〝男女平等の市民権《しみんけん》を推進《すいしん》する手段《しゅだん》〟と見なすようになった。

こうして、男女平等という理想を実現するための信念が、ギンズバーグの人生と仕事を形成することとなった。性差別の撤廃《てっぱい》は、現在に至《いた》るまでずっと、活動の中心となっている。一九七〇年には女性の権利《けんり》のみに焦点《しょうてん》を絞《しぼ》った初の法律雑誌《ほうりつざっし》を共同で発刊し、のちには性差別と法《ほう》律《りつ》に関する初のロースクール判例集を共同執筆《しっぴつ》した。一九七一年には、アメリカ自由人権《じんけん》協会（ACLU）の女性権利《けんり》プロジェクトを共同で立ち上げた。これは法律《ほうりつ》における性差別に終止《しゅうし》符《ふ》を打つためで、プロジェクトの顧問《こもん》弁護士として、五年間で六件、最高裁《さいこうさい》で弁論《べんろん》し、五件に勝利した。一九七二年にはコロンビア大学ロースクールで女性初の終身在職権《けん》のある教授に就《しゅう》任《にん》し、女性の権利《けんり》運動の高まりがもたらした、女性の社会進出の可能性を示す証拠《しょうこ》となった。

ゆっくりとではあるが、女性を取りまく社会は変わりつつあった。ギンズバーグがアメリカ自由人権《じんけん》協会に関《かか》わっていた間、協会への女性からの訴《うった》えは徐々《じょじょ》に増えていた。その内容は、同じ地位の男性には認《みと》められる家族の健康保険が女性には認《みと》められないといった訴《うった》えから、男性の対戦相手をやすやすと打ち負かしたのに学校代表チームに参加させてもらえなかったという女性テニス選手の訴《うった》えまで、千差万別だった。「女性は、以前ならば怖気《おじけ》づいたり、どうせ訴《うった》えても無駄《むだ》だと諦《あきら》めていたりした苦情を、申し立てるようになりました。一九七〇年代のアメリカには、これまでの常識は間違《まちが》っていて変えるべきだという理解が進みつつあり、その気運のおかげで女性たちは勝訴《しょうそ》することができたのです[*3]」

だが、道のりは平坦《へいたん》ではなかった。ギンズバーグは長年、たゆまぬ努力を続ける中で、頑固《がんこ》で理不尽《りふじん》な偏見《へんけん》に幾度《いくど》となく直面した。たとえば、オクラホマ州の社会保障《ほしょう》局で働いていた二十一歳《さい》の時には、就職《しゅうしょく》した時点で妊娠《にんしん》中だったために降格《こうかく》させられた（ちなみに十年後、ラトガース大学ロースクールでの教員時代に第二子を妊娠《にんしん》した時は、妊娠《にんしん》していることを隠《かく》すために、地味でサイズの大きい義母の服を着て働いた）。一九六三年、ラトガース大学ロースクールの教授に就任《しゅうにん》した際には、「立派《りっぱ》な職に就《つ》いている夫がいるのだから、同僚《どうりょう》の男性よりも給料は少なくさせてもらう」と学部長から申し渡《わた》された。ロースクール卒業後、キャリアを築き始めた当時は、女性だからという理由で司法書記官の職に就《つ》けなかった。「なぜ女性だとだめなのか」と判事のひとりに尋《たず》ねたところ、「女性と顔をつきあわせて働くのは不愉快《ゆかい》だ」と言われたという。

しかしギンズバーグは数々《かずかず》の挫折《ざせつ》に落胆《らくたん》するのではなく、周囲の人々《ひとびと》に知識を授け、教え導くチャンスだと思うことにした。「女性が弁護士や警察官《けいさつかん》やパイロットといった、努力しないとなれない職業に就《つ》かなくても済《す》むように守ってあげるのがなぜいけないのか」という考え方の人がいたからだ。「七十年代に性差別裁判《さいばん》の弁護をしたときは、小学校の先生になったつもりで臨《のぞ》みました……要は、教育ですね。私《わたし》が訴《うった》えかけている相手は、自分とは違《ちが》う立場の人間の暮《く》らしがどのようなものか理解していないのだから、理解できるように手助けしよう、というとらえ方です」[*4] 情報は与《あた》えられるし、意見は変えられる。そうすれば、事態は進展《しんてん》するのだ。

ギンズバーグは一九八〇年にコロンビア特別区巡回《じゅんかい》区連邦控訴《れんぼうこうそ》裁判所《さいばんしょ》判事に任命され、さらに一九九三年にはビル・クリントン大統領からアメリカ合衆国連邦最高裁《がっしゅうこくれんぼうさいこうさい》判事に任命され、重要な裁判《さいばん》を続けることができるようになった。約六十年におよぶキャリアを通して、男女平等の実現に人生を捧《ささ》げてきたギンズバーグは、男女平等が切実に求められる現代においても、正義を断固として支持し、人々《ひとびと》に希望の力を思い出させる存在《そんざい》であり続けている。

「これまでの進展《しんてん》は、目覚ましいものがあります。だからこそ、私《わたし》は将来《しょうらい》に希望を持っています。希望の兆しは、至《いた》るところにあります」[*5]

夢をかなえるには、才能だけでなく、

努力も必要です。

プロローグ

私《わたし》が〝ノトーリアスＲＢＧ〟（訳注《やくちゅう》：九〇年代に一世を風靡《ふうび》したラッパーの名前をもじり、ギンズバーグの名前の頭文字をとってつけられたあだ名）と呼《よ》ばれる日が来るなんて、夢にも思いませんでした。今、八十六歳《さい》ですが、あらゆる年代の人たちが一緒《いっしょ》に写真を撮《と》りたがるんです。もう、びっくりです！

もし私《わたし》が悪名高《ノトーリアス》いとしたら、それは今も生きていて、一九六〇年代後半に弁護士だったという幸運に恵《めぐ》まれたからです。そして一九七〇年代を通して弁護活動を続けるうちに、法の下の平等を実現するには、政府のあらゆる機関が女性を男性と同じレベルの人間だと見なす必要があると、史上初めて法廷《ほうてい》で主張し、認《みと》められるようになったのです。

私《わたし》が大学生だった一九五〇年から五四年ごろは、数多くの職業が女性にふさわしくないと、あたりまえのように考えられていました。たとえば、弁護士やバーテンダー、兵士、外交官、トラック運転手、パイロット、警官《けいかん》、陪審員《ばいしんいん》などで、今ではナンセンスですが、当時、そういった職業は、数えたらきりがありませんでした。

アイゼンハワー大統領によって任命された最高裁《さいこうさい》のブレナン判事の言葉を借りれば、「女性を鳥籠《とりかご》の中に閉《と》じ込《こ》める以上に貶《おとし》める」*6障壁《しょうへき》を崩《くず》していくのは、実に爽快《そうかい》でした。今は当時に比べれば、事態ははるかに良くなりました。もちろん、まだ理想の楽園には至《いた》っていませんが、私《わたし》はこれまで見てきた進展《しんてん》のおかげで、将来《しょうらい》を楽観しています。女性が努力を必要とするあらゆる分野で正当な地位を獲得《かくとく》していけば、地域《ちいき》社会も国家も世界も、ますます良い方向へ向かっていくでしょう。

数年前、あるパーティーで、ひとりの女子大生に、声をかけられました。ある質問を多種多様な人々《ひとびと》にぶつけ、その答えから論文《ろんぶん》を書こうとしていたのです。その質問は、「二十一世紀の最大の問題は何だと思うか」というものでした。ネット情報社会に立ち遅《おく》れたプライバシーの問題や、テロリストの脅威《きょうい》、命を奪《うば》う凶器《きょうき》、今のアメリカ議会と国家に見られる激《はげ》しい党派《とうは》の分裂《ぶんれつ》などが、頭の中を駆《か》け巡《めぐ》りました。

そのとき、合衆国憲法《がっしゅうこくけんぽう》の冒頭《ぼうとう》を称《たた》えたサーグッド・マーシャル最高裁《さいこうさい》判事*(ii)の言葉を思いだしました。判事の言うとおり、「われわれ合衆国《がっしゅうこく》国民」という言葉は、かつては除外《じょがい》されたり、無視《むし》されたり、軽《かろ》んじられたりした人々《ひとびと》、すなわち、奴隷《どれい》や先住民族、女性、不動産を持って

「これまで人生のいろいろな転機で、
『これは、本当にやりたいことなの？』
と自分に問いかけてきました。
もし答えがイエスならば、
実現するための方法を見つけます」

いない男性、そうした人々《ひとびと》を含《ふく》めるようになったのです。[*7] さらに、アメリカのモットーが頭に浮《う》かびました。「多くからひとつへ」を意味する、「エ・プルリブス・ウヌム」です（訳注《やくちゅう》：ラテン語の成句。「多州から成る統一国家」のアメリカ合衆国《がっしゅうこく》を指す）。

二十一世紀の挑戦《ちょうせん》は、私《わたし》たちの地域《ちいき》社会を、公共の利益のために協力しつつ、互《たが》いの違《ちが》いを容認《ようにん》し、称賛《しょうさん》さえできるような場所にし、その状態を保ち続けることです。「多くからひとつへ」が最大の目標だと、私《わたし》は信じています。それこそ、私《わたし》がアメリカと世界に望むことです。

二〇一九年八月二十六日、バッファロー大学名誉《めいよ》学位授与式《じゅよしき》でのスピーチより

インタビュー

――これまでの人生について、教えてください。

一九九三年からずっと、連邦最高裁判事《れんぽうさいこうさいばんじ》を務めています。その前は弁護士で、大学でも法律《ほうりつ》を教えていました。一九七〇年代に法曹界《ほうそうかい》にいられたのは、大変な幸運でした。一九七〇年代には、アメリカ史上初めて、女性が才能を生かすのを阻《はば》む障壁《しょうへき》を、崩《くず》せるようになったのです。

当時は、性差別にまつわる多くの訴訟《そしょう》を手がけました。一九八〇年にはコロンビア特別区巡《じゅん》回区連邦控訴裁判所《かいれんぽうこうそさいばんしょ》の判事に任命され、十三年間務めた後、一九九三年に連邦最高裁《れんぽうさいこうさい》の判事に任命されました。

――女性の弁護士が珍《めずら》しかった時代に、弁護士になられたんですね。

私《わたし》がロースクールに入学した時、全米の弁護士の中で、女性弁護士はせいぜい三パーセントでした。私《わたし》の代の新入生は五百人ほどいましたが、女性はわずか九人でした。それでも、一学年上の夫の代よりは増えたんですよ。夫の代の女性は、五人でしたから。

私《わたし》の進学先について、ビジネススクールにするか、ロースクールにするか、事前に夫と話し合ったんですが、一九五〇年代のハーバード・ビジネススクールは女子の入学を認《みと》めていなかったので、ロースクールに決めました。

その後の変化には、励《はげ》まされています。今では、アメリカのロースクールの生徒の約半分が女性ですからね。目覚ましい進歩です。

――マーティン・ギンズバーグ氏とは、大学で出会われたんですか?

(ニューヨークの)コーネル大学の学部生のときに、出会いました。当時、夫は十八歳《さい》、私《わたし》は十七歳《さい》でした。

――出会った時から、マーティン・ギンズバーグ氏はフェミニストだったんですか?

あの当時、フェミニストという言葉は一般《いっぱん》的ではなかったけれど、間違《まちが》いなくそうでしたね。

これまで何度も言ってきたのですが、マーティンは私《わたし》の賢《かしこ》さを気に入ってくれた初めての男性だったんです。長年にわたって、大親友のような間柄《あいだがら》でした。亡《な》くなった時には、結婚《けっこん》五十六年目でした。マーティンは、つねに私《わたし》の最大の支援者《しえんしゃ》で最高のサポーターでした。

――輝《かがや》かしい経歴と人生を振《ふ》り返ってみて、本当に重要なことは何でしたか？

変化を求める運動に参加できたこと。娘《むすめ》が息子《むすこ》と同じくらい尊重《そんちょう》され、女性が才能と努力次第《しだい》で何でも実現できるようになるための運動に、参加できたことですね。人為的《じんいてき》な障壁《しょうへき》があってはなりません。女性が入れないスペースなど、あってはならないのです。

私《わたし》の成長期には、女性を締《し》めだす分野がたくさんありました。女性は法曹界《ほうそうかい》に認《みと》められない時代もあったんです。女性判事もいませんでした。女性エンジニアもほとんどいなかったし、女性警官《けいかん》や女性消防士、女性パイロットもいませんでした。こうした障壁《しょうへき》は、ありがたいことに現在ではなくなっていて、女性は才能次第《しだい》で何でもできるようになりました。もちろん夢をかなえるには、才能だけでなく、努力も必要です。

やるべきことをやり尽《つ》くした、

最善《さいぜん》を尽《つ》くして意見を書いた、

と感じるときは満足します。

――子どもの頃《ころ》に目標とした人はいましたか？

子どもの頃《ころ》は、二人の女性に憧《あこが》れていましたね。一人は、実在の女性。女性が飛行機の操縦《そうじゅう》などしなかった時代の偉大《いだい》な女性飛行家、アメリア・イアハートです。*〈iii〉もう一人は架空《かくう》の人物、少女探偵《たんてい》のナンシー・ドルーです。ナンシーが主人公のシリーズ本では、少女のナンシーが探偵《たんてい》のリーダーで、*〈iv〉男子を従《したが》えているんです。ナンシーは、率先して動くキャラですね。対照的に、私《わたし》が子どもの頃《ころ》の児童書に出てくる女の子といえば、ピンクのドレスを着て、木登りなどしない子ばかりでした。

――弁護士になりたいと思ったのはいつ頃《ごろ》ですか？　動機は、何だったんですか？

弁護士になろうと決めたのは、大学生だった一九五〇年代です。当時のアメリカは、まさに暗黒の時代。全米に熾烈《しれつ》な赤狩《が》りが広がっていました。ウィスコンシン出身のジョー（ジョセフ）・マッカーシー上院議員が辛辣《しんらつ》な手段《しゅだん》で、あらゆる場所で共産主義者を告発していたんで

有島武郎……碁石を呑だ八っちゃん
吉野せい……梨花
森 鷗外……山椒大夫
島尾敏雄……島の果て
長谷川四郎……鶴
原 民喜……夏の花
太宰 治……魚服記
海音寺潮五郎…極楽急行
梅崎春生……チョウチンアンコウについて

③おかしい話

室生犀星……夜までは
佐藤春夫……蝗の大旅行
尾崎一雄……虫いろいろ
小沼 丹……カンチク先生
内田百閒……泥坊三昧
夏目漱石……自転車日記
山本周五郎……対話（砂について）
坂口安吾……村のひと騒ぎ
林家正蔵（演）…あたま山
桂文楽（演）…酢豆腐
桂三木助（演）…芝浜
森 鷗外……大発見
小泉八雲……日本人の微笑
星 新一……来訪者

●各1800円
●判型／A5変型判／略フランス装
●平均288ページ

有島武郎……小さき者へ
幸田 文……終焉
海音寺潮五郎…唐薯武士
谷崎潤一郎……母を恋うる記
林芙美子……風琴と魚の町
吉村 昭……同居
向田邦子……かわうそ
遠藤周作……夫婦の一日
川端康成……葬式の名人
井伏鱒二……へんろう宿
太宰 治……黄金風景

⑥恋の物語

阪田寛夫……練習問題
木山捷平……うけとり
尾崎 翠……初恋
堀 辰雄……燃ゆる頬
江戸川乱歩……人間椅子
太宰 治……カチカチ山
三島由紀夫……三原色
芥川龍之介……好色
菊池 寛……藤十郎の恋
宮本常一……土佐源氏

なんと容赦のない、なんと爽快なラインナップだろう。
上橋菜穂子さん

井上ひさし……あくる朝の蝉
志賀直哉……清兵衛と瓢箪
色川武大……ひとり博打
中島 敦……山月記
菊池 寛……入れ札
三島由紀夫……志賀寺上人の恋
谷崎潤一郎……刺青
幸田 文……髪
深沢七郎……おくま嘘歌
太宰 治……雀
石原吉郎……ある〈共生〉の経験から

⑧こわい話

萩原朔太郎……蛙の死
夏目漱石……夢十夜 第三夜
内田百閒……豹／鯉
江戸川乱歩……白昼夢
半村 良……箪笥
岡本綺堂……利根の渡
中島 敦……牛人
菊池 寛……三浦右衛門の最後
坂口安吾……桜の森の満開の下
夢野久作……瓶詰地獄
星 新一……鏡
山川方夫……お守り
志賀直哉……剃刀
島尾敏雄……鉄路に近く
太宰 治……トカトントン

子母沢寛……冷や飯に沢庵
幸田露伴……野道
森 茉莉……ビスケット
深沢七郎……いのちのともしび
種村季弘……幻の料理
色川武大……大食いでなければ
古川緑波……富士屋ホテル
向田邦子……ごはん
武田百合子……枇杷／夏の終わり
宮沢賢治……注文の多い料理店

⑩ふしぎな話

萩原朔太郎……死なない蛸
寺山修司……全骨類の少女たち
川端康成……化粧
梶井基次郎……愛撫
谷崎潤一郎……秘密
夏目漱石……心
内田百閒……尽頭子
三島由紀夫……美神
夢野久作……怪夢（抄）
星 新一……おーい でてこーい
梅崎春生……侵入者
宮沢賢治……どんぐりと山猫
芥川龍之介……魔術
豊島与志雄……立札
中島 敦……名人伝
稲垣足穂……黄漠奇聞

いい人ランキング

10刷出来!

吉野万理子 著

人の悪口を言わないし、掃除はサボらないし、「宿題を見せて」と頼まれたら、気前よく見せる人。「いい人」と呼ばれるのは、いいことだと思っていたけれど、実は……？いじめ問題について、いじめられる側だけでなく、いじめる側の心理もリアルに描いた作品。──人間関係に悩む中学生の実用書たりうる一冊！ ●1,400円

古典

古典に親しむきっかけに！小学校高学年から楽しく学べる古典入門

はじめての万葉集

萩原昌好 編　中島梨絵 絵 （上・下巻）

● 各1,600円（A5変型判／2色刷／各128ページ）

「万葉集」全20巻、4500首の中から代表的な作品135首をセレクト。年代別に4期にわけて、わかりやすく紹介します。

上巻 ① 初期万葉時代：
大化改新 ～ 壬申の乱
（645 ～ 672 年ごろ）
② 白鳳万葉時代：
壬申の乱 ～ 藤原京への遷都
（672 ～ 694 年ごろ）

下巻 ③ 平城万葉時代：
藤原京への遷都 ～ 平城京への遷都
（694 ～ 733 年ごろ）
④ 天平万葉時代：
平城京の時代
（733 ～ 759 年ごろ）

解説付き！

★C.V.オールズバーグ 作　村上春樹 訳★

急行「北極号」　★コルデコット賞

幻想的な汽車の旅へ……。少年の日に体験したクリスマス前夜のミステリー。映画「ポーラー・エクスプレス」原作本。

●1,500円（24×30cm／32ページ）

ジュマンジ

ジュマンジ……それは、退屈してじっとしていられない子どもたちのための世にも奇妙なボードゲーム。映画「ジュマンジ」原作絵本!

●1,500円（26×28cm／32ページ）

魔術師アブドゥル・ガサツィの庭園

★コルデコット賞銀賞

「絶対に何があっても犬を庭園に入れてはいけません――引退した魔術師ガサツィ」ふしぎな庭で、少年が体験した奇妙なできごと。

●1,500円（25×31cm／32ページ）

★シェル・シルヴァスタイン　村上春樹 訳★

おおきな木

おおきな木の無償の愛が、心にしみる絵本。絵本作品の「読み方」がわかる村上春樹の訳者あとがきは必読。

●1,200円（23×19cm／57ページ）

はぐれくん、おおきなマルにであう

名作絵本『ぼくを探しに』（講談社）の続編が村上春樹・訳で新登場! 本当の自分を見つけるための、もうひとつの物語。

●1,500円（A5変型判／104ページ）

あすなろ書房の本

［10代からのベストセレクション］

『ねえさんといもうと』より ©2019 by Komako Sakai

表示価格は、税別です　2020.4.1

す。*〈v〉共産主義者と見なされた人々《ひとびと》は、非米活動委員会*〈vi〉、および上院の調査委員会*〈vii〉に引きずり出され、世界大恐慌《きょうこう》の渦《か》中だった一九三〇年代に所属していた組織について尋問《じんもん》されました。

当時、私《わたし》が師事していた憲法学《けんぽうがく》の教授の言葉が、強く記憶《きおく》に残っています。それは、赤狩《が》りで非国民だと糾弾《きゅうだん》された人々《ひとびと》のために、弁護士が次々《つぎつぎ》と立ち上がり、議会に訴《うった》えているということ。そしてアメリカ国民は、政府がまるで独裁者《どくさいしゃ》のように正しいと決めた行動を強制されるのではなく、己《おのれ》の信じるままに考え、話し、書く権利《けんり》を憲法《けんぽう》修正第一項《こう》（訳注《やくちゅう》：「言論《げんろん》の自由」条《じょう》項《こう》）で認《みと》められている、ということです。弁護士たちは、連邦《れんぽう》議会の議員たちに対し、国民には思想と表現の自由を保障《ほしょう》した権利《けんり》と、自身に不利な証言をしなくていい権利《けんり》があることを、指摘《してき》していました。自白を迫《せま》られ、結果的に自分を有罪に追い込《こ》むような発言を、強要されてはならないのです。

これを知って、弁護士になるのは一石二鳥じゃないか、と考えるようになりました。生活費を稼《かせ》げるうえに、社会を多少なりとも良くする活動に関《かか》われるじゃないか、と。

ですが、法曹界《ほうそうかい》での就職《しゅうしょく》には障壁《しょうへき》があることを、当時はまだ十分に理解していませんでした。

母は私《わたし》に、レディーになりなさい、

と言いました。

母にとってそれは、自分らしく、

独立して生きなさい、という意味でした。

郵便はがき

料金受取人払郵便

牛込局承認

2051

差出有効期間
令和5年1月9日
切手はいりません

162-8790

東京都新宿区
早稲田鶴巻町551-4

あすなろ書房
愛読者係　行

■ご愛読いただきありがとうございます。■
小社のホームページをぜひ、ご覧ください。新刊案内や、
話題書のことなど、楽しい情報が満載です。
本のご購入もできます➡http://www.asunaroshobo.co.jp
（上記アドレスを入力しなくても「あすなろ書房」で検索すれば、すぐに表示されます。）

■今後の本づくりのためのアンケートにご協力をお願いします。
お客様の個人情報は、今後の本づくりの参考にさせて頂く以外には使用いたしません。下記にご記入の上（裏面もございます）切手を貼らずにご投函ください。

フリガナ	男・女	年齢　　歳
お名前		
ご住所　〒		お子様・お孫様の年　　歳
e-mail アドレス		
●ご職業　1主婦　2会社員　3公務員・団体職員　4教師　5幼稚園教員・保育士　6小学生　7中学生　8学生　9医師　10無職　11その他（　　　）		

※引き続き、裏面もご記入ください。

●この本の書名（　　　　　　　　　　　　　　　　　　　　　　　　　　　）
●この本を何でお知りになりましたか？
1 書店で見て　2 新聞広告（　　　　　　　　　　　　　　　　　新聞）
3 雑誌広告（誌名　　　　　　　　　　　　　　　　　　　　　　　　）
4 新聞・雑誌での紹介（紙・誌名　　　　　　　　　　　　　　　　　）
5 知人の紹介　6 小社ホームページ　7 小社以外のホームページ
8 図書館で見て　9 本に入っていたカタログ　10 プレゼントされて
11 その他（　　　　　　　　　　　　　　　　　　　　　　　　　　　）
●本書のご購入を決めた理由は何でしたか（複数回答可）
1 書名にひかれた　2 表紙デザインにひかれた　3 オビの言葉にひかれた
4 ポップ（書店店頭設置のカード）の言葉にひかれた
5 まえがき・あとがきを読んで
6 広告を見て（広告の種類〈誌名など〉　　　　　　　　　　　　　　）
7 書評を読んで　8 知人のすすめ
9 その他（　　　　　　　　　　　　　　　　　　　　　　　　　　　）
●子どもの本でこういう本がほしいというものはありますか？
（　　　　　　　　　　　　　　　　　　　　　　　　　　）
●子どもの本をどの位のペースで購入されますか？
1 一年間に10冊以上　2 一年間に5～9冊
3 一年間に1～4冊　4 その他（　　　　　　）

●この本のご意見・ご感想をお聞かせください。

※ご協力ありがとうございました。ご感想を小社のPRに使用させていただいてもよろしいでしょうか　（1 YES　2 NO　3 匿名ならYES）
※小社の新刊案内などのお知らせをE-mailで送信させていただいてもよろしいでしょうか　（1 YES　2 NO）

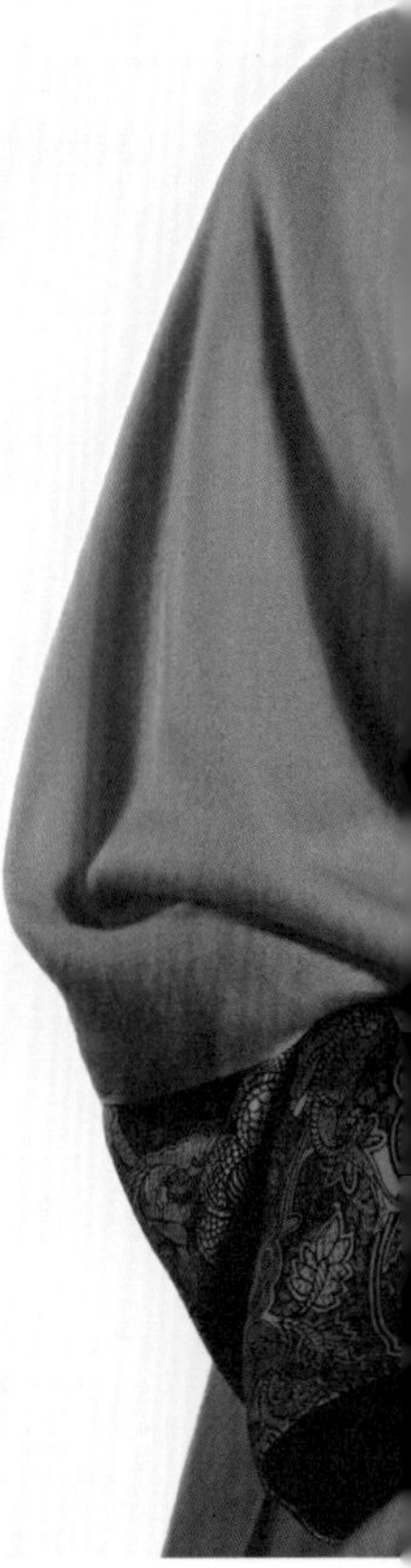

ロースクールでの成績はとても優秀《ゆうしゅう》だったのに、ニューヨークの法律《ほうりつ》事務所は一カ所たりとも、私《わたし》を受けいれようとはしてくれませんでした。私《わたし》の場合、厳《きび》しい条件が三つ揃《そろ》っていました。第一に、ユダヤ人であること。反ユダヤ主義が障壁《しょうへき》となりました。第二に、女性であること。当時、女性に対する障壁《しょうへき》は、そう簡単《かんたん》には崩《くず》れそうにありませんでした。第三は、完全にアウトな条件。すなわち、母親だったということです。ロースクールを卒業した時、娘《むすめ》は四歳《さい》。試《ため》しに女性を雇《やと》おうかと考えた奇特《きとく》な法律《ほうりつ》事務所も、母親を雇《やと》う勇気まではありませんでした。

――当時は、どのように言われたんですか？　母親業と仕事を両立できるわけがない、とか？

私《わたし》が（ハーバード大学ロースクールの前に）入学したコーネル大学では、学生の男女比は四対一でした。当時の女子の親は、娘《むすめ》にとって最も重要な学位は文学や理学の学位ではなく、「ミセス」の学位*〈viii〉だと考えていたんです。けれど、私《わたし》の母は違《ちが》いました。理想の男性と出会って結婚《けっこん》するのは構わないが、自活だけはせよ、自立しなさい、というのが母のメッセージでした。

――お母さまは、自立していたんですか？

いいえ。十五歳《さい》で学校を卒業すると、最年長の兄が大学に行けるよう、すぐに働きに出て、大家族を金銭的に支えました。あの当時、家族の中で高等教育を受けるとしたら、それは長男と決まっていました。母はとびきり聡明《そうめい》だったので、もし結婚《けっこん》後も経済《けいざい》的に自立していたら、もっと満足のいく人生を送れただろうと思います。

――お母さまも、あなたと同じように、勤勉《きんべん》な方だったんですか？

はい。その点は、母から厳《きび》しく躾《しつ》けられました。幼《おさな》い頃《ころ》、母が本を読んでくれたのは、とても懐《なつ》かしい思い出です。母は私《わたし》を膝《ひざ》に座《すわ》らせて、何冊《さつ》も読んでくれました。母自身、本の虫でしたね。おかげで、私《わたし》もだんだん本が好きになりました。母は週に一回、私《わたし》を図書館に連れて行ってくれました。よくひとりで児童書コーナーを歩き回り、本を五冊《さつ》選んで借りて、翌週《よくしゅう》には読み終わって返却《へんきゃく》していました。

自分が特定の型にあてはまるからとか、

昔からずっと差別の対象となってきたからとか、

そういう理由で、

自分の能力を存分《ぞんぶん》に生かせなかったり、

社会への貢献《こうけん》を妨《さまた》げられたりしてはなりません。

とても悲しいことに、母は私《わたし》が高校を卒業する前日に亡《な》くなりました。母は四年間、癌《がん》と闘《たたか》い、とうとう逝《い》ってしまいました。

——お母さまについて、もう少しお聞かせください。

母が私《わたし》に望んだ重要なことは、ふたつ。ひとつは、自立すること。もうひとつは、母の言葉を借りれば「レディーになること」。母の言うレディーとは、白い手袋《てぶくろ》をはめることではありません。エネルギーを奪《うば》うだけで役に立たない感情には流されない女性のことです。怒《いか》りや嫉《しっ》妬《と》や後悔《こうかい》といった感情は、己《おのれ》を高めるのではなく、袋小路《ふくろこうじ》に追い込《こ》むだけです。「レディーになる」とは、怒《いか》りに任せて言い返したりせず、何度か深呼吸《こきゅう》してから、理解していない人々《ひとびと》を教え導くように応《こた》える女性になる、という意味です。

義理の母にも、私《わたし》の結婚式《けっこんしき》の日に、最高のアドバイスをもらいました。式は義理の母の家で挙げたのですが、式の直前、義母が「幸せな結婚《けっこん》の秘訣《ひけつ》を教えてあげる」と言ったのです。「ぜひ、知りたいです。何ですか？」と尋《たず》ねたところ、義母は「時々《ときどき》、耳が遠いふりをするといいわよ」と言いました。つまり、もし意地悪や無神経な言葉を投げかけられたら、聞こえないふりをして聞き流せばいいのです。このアドバイスは、あらゆる職場できっちりと活《い》かしてきました。最高裁判所《さいこうさいばんしょ》という現在の職場で、今も活《い》かしています。もし意地悪や無神経なことを言われたら、無視《むし》すること。めげたりしては、だめですよ。

——その自制心と活力は、どこからきているのですか？

義父からもらった、すばらしいアドバイスの影響《えいきょう》もありますね。コーネル大学を卒業後、ハーバード大学ロースクールに入学するまでは、二年間、空きました。一九五四年から五六年にかけて、夫が兵役に就《つ》き、引っ越《こ》したのです。この二年の間に妊娠《にんしん》し、子育てが始まると、ロースクールと両立できるだろうかと悩《なや》みました。すると、義父が私《わたし》にこう言いました。「ルース、ロースクールに前向きになれなくても、そのせいで見くびられることはない。きちんとした理由があるからね。でも、もし本気で弁護士になりたいのなら、自己憐憫《じこれんびん》にひたるのはやめて、自分を奮《ふる》い立たせれば、きっと道は見つかるよ」

ノーと言われても諦《あきら》めないこと。

ですが、怒《いか》りに任せて反応してもいけません。

このアドバイスは、人生のあらゆる転機で思い出してきました。「これは、本当にやりたいことなの？」と自分に問いかけて、もし答えがイエスなら、実現するための方法を見つけます。

――これまでいつも明快に、やりたいことを見つけて、追い求めることができたのですか？

一九六〇年代後半に女性運動が活気づいた時、精力的に取り組みたいのはこれだって、わかったんです。大人になる過程でいろいろ気づいてはいましたが、十代の頃《ころ》は「女性というのは、そういうものだ。我慢《がまん》するしかない」と思っていました。けれど六〇年代後半になると、「我慢《がまん》する必要はない。才能があれば、やりたいことは何でもやれるはず。女性だからという理由だけで、やるなと言われるのはおかしい」と考えるようになりました。女性の私《わたし》でも、男性の弁護を担当《たんとう》した訴訟《そしょう》が数件あるというのは、注目すべきことです。

一家の稼《かせ》ぎ手は男性、家事全般《ぜんぱん》は女性というように、当時は日常生活の役割《やくわり》が分けられていて、それが法律《ほうりつ》にも反映《はんえい》されていました。女性は家にいて、家庭を守り、子育てをするもの、とされていたのです。

男性を弁護したある事例を取り上げましょう。私《わたし》のお気に入りの依頼人《いらいにん》、スティーブン・ウィーセンフェルドです。妻が出産により亡《な》くなり、スティーブンはひとり親となりました。当時、男性の働き手が亡《な》くなった場合、残された妻は育児給付を受けられました。ですが、女性の働き手が亡《な》くなった場合、残された夫は育児給付を受けられませんでした。それは、間《ま》違《ちが》っています。原因は、女性と子どもは家で一緒《いっしょ》に過ごし、男性は外で働くものと、社会をふたつの役割《やくわ》り集団に分けたせいです。

親であることにかかわりなければ、男性も女性と同じ給付を受けられるようにするべきです。そして女性でも、医者や弁護士、警官《けいかん》やパイロットといった職業に就《つ》きたければ、それが認《みと》められるように、社会のあり方を変えようとしました。

——いまだに男女同権《どうけん》が大きな課題となっている国々《くにぐに》の有望な若手《わかて》リーダーたちに、何かアドバイスはありますか?

自国を繁栄《はんえい》させたければ、女性に投資するべきです。女性が小規模《きぼ》ビジネスに乗り出し、運転資金を借りる時、同じ状況《じょうきょう》の男性よりも債務不履行《デフォルト》リスクが低いことは、すでに証明されています。女性はチャンスを与《あた》えられれば、できるかぎりのことをし、借金を返済《へんさい》するのです。だからこそ、国を発展《はってん》させたければ、私《わたし》なら女性に投資します。

――これまでの人生とキャリアを通して、日課になっていることは何ですか？

ひとつ、続けていることがあります。始めたのは、一九九九年。結腸癌《がん》になった年です。手術、化学療法《りょうほう》、放射線治療《ほうしゃせんちりょう》が終わった時点で、夫が言ったんです。「強制収容所《しゅうようしょ》の生存者《せいぞんしゃ》みたいだぞ。体力をつけるために、何かしなきゃだめだ」と。

そこで一九九九年にパーソナルトレーナーについてワークアウトをするようになり、今も同じトレーナーと続けています。私《わたし》たちのエクササイズについて、トレーナーが本を書いたんですよ。『RBGワークアウト』[*8]という本を。

時々《ときどき》、仕事に没頭《ぼっとう》して、このまま続けたいって思うことがあるんですが、パーソナルトレーナーと会う時間になると、どこにいても仕事をすぱっと切り上げることにしています。トレー

私《わたし》の仕事を自分の仕事と同じくらい重要だと
見なしてくれる男性と結婚《けっこん》できたのは、
すばらしい幸運でした。

ナーとのワークアウトを終えると、いつも気分爽快《そうかい》になりますよ。

——ワークアウトは、まだ続けていらっしゃると？

ええ、もちろん！　昨日も、やりました。

——仕事に関して、これまでずっと守ってきたやり方や方針《ほうしん》はありますか？

自分の能力をはるかに超《こ》える案件に取り組んでいた時は、とにかく、最大限の努力をしてきました。男女同権《どうけん》の闘《たたか》いの弁護を始めた頃《ころ》、たいていの男性は、女性差別などというものは存《そん》在《ざい》しないと考えていました。あらゆる障壁《しょうへき》を、女性を保護する措置《そち》だと見なしていたのです。女性が警官《けいかん》になれないのは、体力的にきつい仕事だから。検察官になれないのは、暴力的な犯罪者たちと渡《わた》り合えないから、というわけです。

そういう言い訳《わけ》を聞くたびに、驚《おどろ》きました。なぜなら、法的支援《しえん》に関《かか》わる女性弁護士たちは、まさに「暴力的な犯罪者」の代理人となり、検察官よりもはるかに緊密《きんみつ》な関係を築いていたからです。

別の例を挙げてみましょう。かつて女性は、家庭生活の中心にいるべきと考えられていたので、陪審員《ばいしんいん》の対象にはなりませんでした。これはすなわち、女性に対し、「本当の意味で、市民としての資格はない」と告げているのと同じです。市民には、権利《けんり》だけでなく義務もあります。男性は、いやがおうでも、義務を果たさなければなりません。しかし女性には、市民としての義務を認《みと》めていないのです。

当時、自分の仕事は重要な意味を持つと、確信していました。女性がどれほど見下されているかを世間にわからせる必要がある、と信じていたのです。男性は、人種差別は忌《い》むべきことで、宗教《しゅうきょう》で差別するのは悪いことだとわかっていたのに、女性が直面している障壁《しょうへき》に関しては、女性のためを思って優《やさ》しくしてあげているものだと思いこんでいたのです。

だから、女性の置かれた状況《じょうきょう》について、世間にわからせなければなりませんでした。最高裁《さいこうさい》のブレナン判事がうまく表現したように、女性は実は崇《あが》められていたのではなく、鳥籠《とりかご》の中にいた。[*9]閉《と》じ込《こ》められていたわけです。

――ご自身は、幸運にも、パートナーに十二分に支えられていたのですね。

ええ、あらゆる面で。先ほども言ったとおり、夫は私《わたし》の最大の支援者《しえんしゃ》でした。さらに、特別なスキルもありましてね。料理がとても上手だったんです。うちの子どもたちが小さい時は、普段《ふだん》は私《わたし》が料理をし、週末とお客さまを呼《よ》んだときは夫が料理をする、という取り決めになっていました。ところが十代になった娘《むすめ》が、パパの料理とママの料理に恐《おそ》ろしいほどの違《ちが》いがあることに気づき、パパは週末だけでなく、普段《ふだん》の料理もするべきだと判断したんです。その結果、ワシントンDCで暮《く》らすようになった一九八〇年から、私《わたし》は一度も料理をしていません。夫が亡《な》くなってからは、娘《むすめ》が月に一度やってきて、私《わたし》のために料理をしてくれるんです。娘《むすめ》は夫に料理を習っていたおかげで、とても料理上手でしてね。一カ月分のおいしい食事を、冷蔵《れいぞう》庫《こ》に詰《つ》め込《こ》んでおいてくれるんです。

――本当に料理がそんなに下手だったんですか？　それとも、お嬢《じょう》さんも、あなたの使命を理解していたからとか？

いえいえ。夫の料理のほうが断然おいしかったのは、母親と妻という、ふたりの女性のおかげで料理の腕《うで》を上げられたからだなんて、本人は言ってましたけれど……義母に対して、失礼だと思いますよ。だって夫は、大人になるまで、鳥肉と子牛の肉の区別がつかなかったって、言ってましたから。

――ご自身の職責が、真の意味で試《ため》された重要な時期や危機《きき》について、教えていただけませんか？

私《わたし》にとって最大の試練は、二〇一〇年に夫が亡《な》くなった時でしょうね。翌日《よくじつ》には最高裁《さいこうさい》の裁《さい》判《ばん》が開かれ、意見を陳述《ちんじゅつ》する予定になっていました。翌日《よくじつ》、私《わたし》は法廷《ほうてい》に出て、自分の意見を陳《ちん》述《じゅつ》しました。それが、夫が私《わたし》に望むことだとわかっていたからです。夫のことは毎日恋《こい》しいですが、今の私《わたし》の仕事に満足してくれると思います。

大切なことのために闘《たたか》いなさい。

ただし、周囲の人が協力してくれるような

方法でおやりなさい。

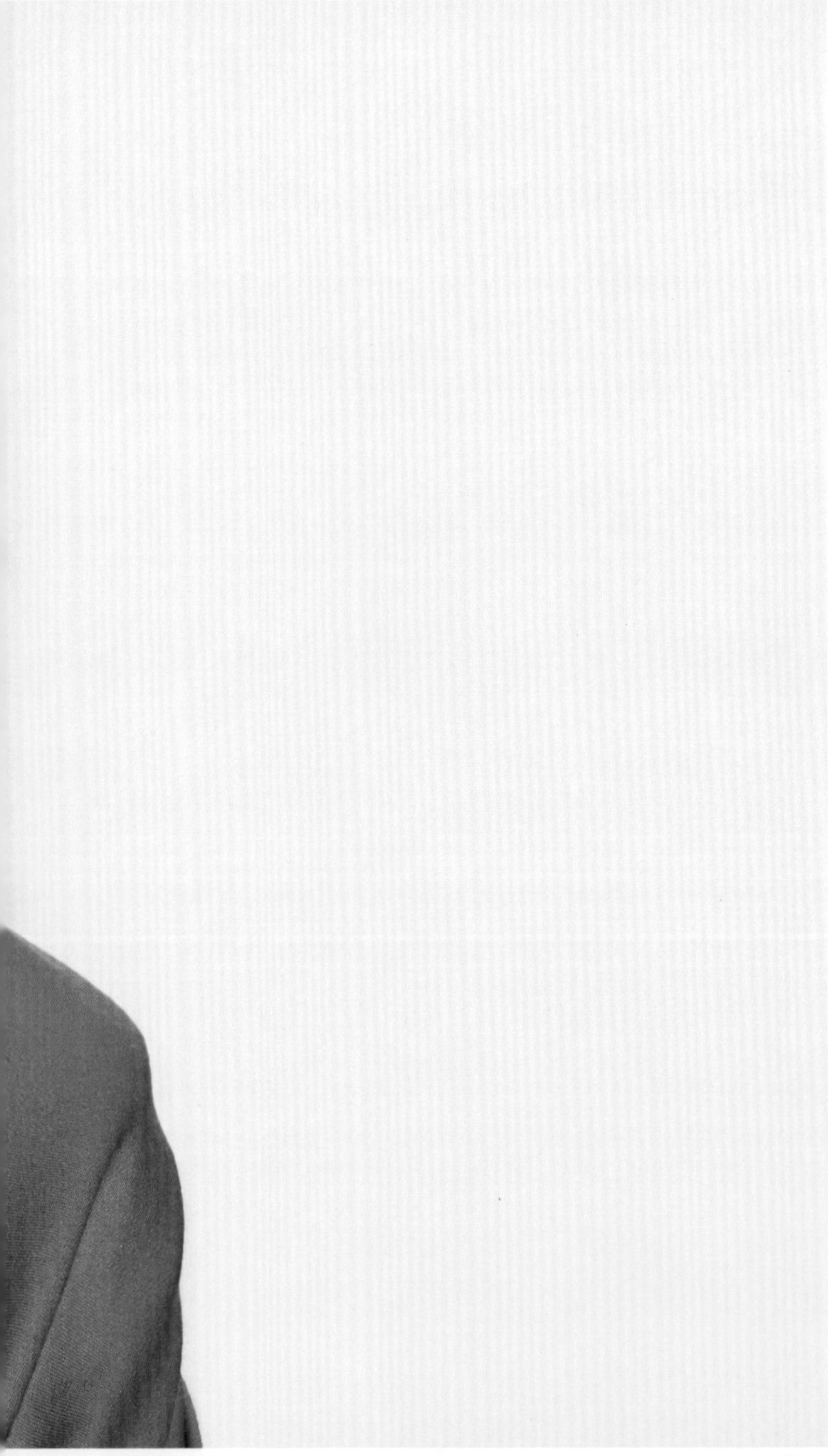

――そのつらい時期をどうやって耐《た》えたのか、悲しみをどう乗り越《こ》えたのか、若者《わかもの》にわかるように説明してもらえますか？

「夫なら、どうしてほしいと思うだろう？」と、考えるのです。夫なら、私《わたし》が人生をしっかりと歩み続け、仕事で成功することを望んだでしょう。だから悲しみに暮《く》れることなく、精一杯《せいいっぱい》仕事をすることが、何より夫を偲《しの》ぶことになると思っています。

――いまのお話には、感動しました。マーティン氏の心の広さ、思慮《しりょ》深さは、どこからきていたのでしょう？

夫は、とにかく面白い人でしてね。ユーモアのセンスが優《すぐ》れていたんです。自分というものをしっかり持っていて、自分の才能に自信があったから、私《わたし》の実力を畏《おそ》れることなく、ライバルとも見なさなかった。それどころか、正反対。自分が生涯《しょうがい》を共にしたいと思った女性なんだから、特別な人にちがいない、って信じていたと思いますよ。そういう考え方をする人でした。

――そして、優《やさ》しい方だったんですね。

ええ。

――では、ご自身がどのような失敗をし、それにどう対処《たいしょ》してきたか、教えてください。

その手の質問は、よくきかれます。「裁判《さいばん》の判決のなかで、後悔《こうかい》しているものはありますか?」とね。私《わたし》の答えは、巡回控訴裁判所《じゅんかいこうそさいばんしょ》にいたときに、先輩《せんぱい》の判事からもらった、素晴らしいアドバイスです。その先輩《せんぱい》は言いました。「ルース、どの裁判《さいばん》も難《むずか》しいものばかりだ。それぞれの裁判《さいばん》で、全力を尽《つ》くすことになるだろう。けれど結審《けっしん》し、判決理由が述べられたら、振《ふ》り返らないこと。変えようのないことで、あれこれ悩《なや》まない。次の裁判《さいばん》に臨《のぞ》み、そこでベストを尽《つ》くすんだ」

振《ふ》り返らずに前を向け、という先輩《せんぱい》の言葉は、判事にとってとても貴重《きちょう》なアドバイスだと思います。ベストを尽《つ》くすが、正式に発表されて変えようのないことは、くよくよ悩《なや》まない。ひたすら前を向き、次の裁判《さいばん》でベストを尽《つ》くし、さらに次の裁判《さいばん》でもベストを尽《つ》くすのみです。

――そこで学んだ教訓とは？

もし成功しなければ、何度でも挑戦《ちょうせん》すればいい、ということ。挑戦《ちょうせん》あるのみです。

――今、世界で、もっと必要なことは何だと思いますか？

ひと言で表すとしたら、「他人の声に耳を傾《かたむ》けること」でしょうね。そう、きちんと聞くことです。現代人は、同じ考えの人としか話をしない傾向《けいこう》があります。ソーシャルメディアも、その傾向《けいこう》を増長していると思います。

今、私《わたし》は、先日亡《な》くなった最高裁《さいこうさい》判事の先輩《せんぱい》、ジョン・ポール・スティーブンス*〈ix〉を思いだしています。本当に聞き上手で、他人の話を聞くことでいかに学んできたか、よく話していました。自分とは違《ちが》う見解の判事の話を聞く、ということですね。

この点、現代は深刻《しんこく》な問題を抱《かか》えています。人々《ひとびと》は、自分とは違《ちが》う考えの人の話を聞こうとしない。信条を同じくする人同士で、固まるだけです。

けれど、アメリカを偉大《いだい》な国にしてきた要因のひとつは、多種多様な国民性です。実に多種多様な人種と文化的背景《はいけい》と宗教《しゅうきょう》が集まっている。その違《ちが》いを容認《ようにん》するだけでなく、すばらしいと称賛《しょうさん》し、長きにわたって手を取り合うべきです。アメリカのモットーは、「エ・プルリブス・ウヌム」。「多くからひとつへ」です。

私《わたし》たちは、ひとつの国。一般大衆《いっぱんたいしゅう》の利益や権利《けんり》を守る民衆《みんしゅう》主義を続けられる、民主国家であってほしいです。

――仕事柄《がら》、とくに今のお立場では、昔からずっと、他人の意見に耳を傾《かたむ》けなければならなかったんですよね。

ええ。それが、仕事の要《かなめ》ですからね。法廷《ほうてい》で論陣《ろんじん》を張る弁護士たちの話や、協議の場での同《どう》僚《りょう》判事たちの意見に、耳を傾《かたむ》けます。

――二十歳《はたち》だった頃《ころ》の自分にアドバイスをするとしたら？

私《わたし》のような女子にまずアドバイスをするとしたら、「とにかく、やってみなさい」ですね。血のにじむような努力を惜《お》しまなければ、夢はかなえられます。

あとは、何をするにせよ、どのような職業を選ぶにせよ、必ず、「自分以外の外に向けて働きなさい」ということ。あなたは地域《ちいき》社会の一員として生きてきて、なんらかの才能に恵《めぐ》まれている。その才能と、今まで受けてきた教育を、あなたほど恵《めぐ》まれていない人々《ひとびと》の暮《く》らしを少しでも良くするために使いなさい、ということですね。

――では、二十歳《はたち》の青年には、何か違《ちが》うアドバイスをしますか？

地域《ちいき》社会に還元《かんげん》しなさい、というアドバイスに関しては、同じです。違《ちが》いはありません。青年に対しては、「子どもを育てる喜びと、その責任を感じるチャンスを逃《のが》さないように」と言いたいですね。

エピローグ

一八三〇年代のアメリカに渡《わた》り、諸地方《しょちほう》を見聞したフランス人のアレクシ・ド・トクヴィルは、「アメリカの偉大《いだい》さは、他の国々《くにぐに》よりも開化されていることではなく、過《あやま》ちを正す能力にある」*〈x〉と記しました。

合衆国憲法《がっしゅうこくけんぽう》の修正条項《じょうこう》と、修正条項《じょうこう》の適用を命じた判決のおかげで、奴隷《どれい》制度は廃止《はいし》され、人種差別は禁止され、男性と女性は平等な市民権《しみんけん》を認《みと》められました。しかし大いに進展《しんてん》してきたとはいえ、完璧《かんぺき》には程遠い状態です。この豊かな国には、多くの汚点《おてん》が残っています。我《わ》が国の子どもの約四分の一は貧しい暮《く》らしをし、国民の約半分は投票しません。人種や宗教《しゅうきょう》や社会経済《けいざい》的な違《ちが》いを越《こ》えて、理解を深め、認《みと》め合うために、いまだに悪戦苦闘《あくせんくとう》しています。

アメリカ愛国歌（訳注《やくちゅう》：現在の国歌『星条旗』が一九三一年に正式な国歌と制定されるまでは、事実上の国歌）の歌詞《かし》には、「愛すべき自由の大地」と書かれています。我《わ》が国の沿岸《えんがん》にたどりついた人々《ひとびと》は、国家が創設《そうせつ》された当時から今日に至《いた》るまで、自由を求め、抑圧《よくあつ》や飢餓《きが》から解放され、自分らしく生きられるように、この地へやってきたのです。

アメリカの偉大《いだい》な法学者であるラーニッド・ハンド判事*〈xi〉は、自由とは何かを理解していました。一九四四年、アメリカへの忠誠《ちゅうせい》を誓《ちか》うためにニューヨークのセントラルパークに集まった大勢の移民を前に、自分の考える自由について、次のように説明しました。

人々《ひとびと》の心の中にあるに違《ちが》いない、この神聖《しんせい》なる自由とは、何なのでしょう？　足場を持たず、制約も受けずに暮《く》らすことではありませんし、気ままに行動することでもありません。私《わたし》には、自由の精神を定義できません。ただ、自分の信念をお伝えするだけです。自由の精神とは、己《おのれ》の正義に固執《こしつ》しないこと。他の人々《ひとびと》の心を理解しようと努める精神のこと。そして、自分の利益だけでなく、他人の利益をも、公平無私《こうへいむし》に慮《おもんぱか》る精神のことです。[*10]

ハンド判事が語った自由の精神を、どうか人生の指針《ししん》としてください。そして、より完璧《かんぺき》な調和のために務めを果たす時、どうか、その崇高《すうこう》な理想どおりに振《ふ》るまう良心と勇気を持ちあわせてください。

二〇一八年四月十日、ニューヨーク歴史協会でのスピーチより

信念に基づいて行動しなさい。

ただし闘《たたか》いは選び、

のっぴきならない状況《じょうきょう》には

追いこまれないように。

リーダーシップをとるのを恐《おそ》れず、

自分が何をしたいか考えて、

それをおやりなさい。そのあとは、

仲間を呼《よ》んで、心がうきうきするようなことを

楽しみなさい。

そして、ユーモアのセンスをお忘《わす》れなく。

『ノトーリアスRBG：ルース・ベイダー・ギンズバーグの人生と時代』
アイリン・カーモン、シャナ・クニーズニク共著《きょうちょ》より

ルース・ベイダー・ギンズバーグについて

ルース・ベイダー・ギンズバーグは、アメリカの法学者であり、弁護士。アメリカ合衆国連《がっしゅうこくれん》邦最高裁判事《ぼうさいこうさい》でもある。

一九三三年三月十五日、ニューヨークのブルックリンで誕生《たんじょう》し、ジョーン・ルース・ベイダーと名づけられた。同じくニューヨーク生まれの母親は、オーストリア系《けい》ユダヤ人の両親の元に生まれた。父親は、ウクライナからのユダヤ系《けい》移民。ギンズバーグも子ども時代に、ユダヤ教の教義を学んでいる。

とても仲が良かった母親から多大なる影響《えいきょう》を受け、教育と自立の重要性を叩《たた》きこまれた。母親はギンズバーグの高校時代にずっと癌《がん》と闘《たたか》い続けていたが、卒業式の前日に、残念ながら他界した。

ニューヨークのコーネル大学で政治学の学士号を目指して勉強していた十七歳《さい》の時に、十八歳《さい》のマーティン・D・ギンズバーグと出会う。ふたりは一九五四年に結婚《けっこん》し、一年後、娘《むすめ》のジェーンが生まれた。

ジェーンの誕生《たんじょう》から十四カ月後、マサチューセッツ州のケンブリッジにあるハーバード大学ロースクールに入学。約五百人の新入生のうち、女性は九人しかいなかった。二年後、ニューヨークのコロンビア大学ロースクールへ移籍《いせき》。法学で学位を取得し、首席で卒業した。

だがユダヤ教徒で女性、しかも母親という理由から、法曹界《ほうそうかい》で就職《しゅうしょく》するのは至難《しなん》の業《わざ》だった。そこで学界に転向して教授となり、ニュージャージー州のラトガース大学ロースクールで民事訴訟《そしょう》、抵触法《ていしょく》、および比較《ひかく》法を教え、その後ニューヨークのコロンビア大学ロースクールに移り、憲法学《けんぽうがく》も教えるようになった。

一九七〇年、女性の権利《けんり》のみに焦点《しょうてん》を絞《しぼ》ったアメリカ初の雑誌《ざっし》『女性の権利《けんり》法レポーター』を、共同で創刊《そうかん》。二年後の一九七二年には、アメリカ自由人権《じんけん》協会（ACLU）の女性権利《けんり》プロジェクトを共同で立ち上げ、のちに同協会の顧問《こもん》に就《つ》いた。

性差別をめぐる裁判《さいばん》で、最高裁《さいこうさい》で六件争い、五件に勝訴《しょうそ》している。

一九八〇年にはジミー・カーター大統領により、コロンビア特別区巡回《じゅんかい》区連邦控訴裁判所《れんぼうこうそさいばんしょ》の判事に指名された。一九九三年にはビル・クリントン大統領により、アメリカ合衆国《がっしゅうこく》連邦《れんぼう》最高《さいこう》裁《さい》判事に指名、上院司法委員会に満場一致《まんじょういっち》で承認《しょうにん》され、上院本会議でも賛成九十六、反対三で承認《しょうにん》された。アメリカ合衆国《がっしゅうこく》連邦《れんぼう》最高裁《さいこうさい》の女性判事はこれまでに四人いるが、ギンズバーグは史上二番目の女性判事となった。

ギンズバーグは法曹界《ほうそうかい》でのキャリアを通じて、女性の権利《けんり》と社会的平等を一貫《いっかん》して擁護《ようご》し、数多くの画期的な判決を下してきた。そのひとつ、最高裁《さいこうさい》で争われた合衆国《がっしゅうこく》対バージニア州の裁判《さいばん》では、バージニア州立軍事学校が、長年、入学者を男子のみに限定してきたのは違憲《いけん》と判断した。同じく有名な裁判《さいばん》、オルムステッド対L.C.(ルイス・カーティス)では、精神疾患《しっかん》を身体障害《しょうがい》と認定《にんてい》し、アメリカ障害《しょうがい》者法の適用を可能にした。またアメリカ全州での同性婚《こん》の合法化を決定した、オーバーグフェル対ホッジス裁判《さいばん》での歴史的な判決の裏《うら》には、ギンズバーグの尽力《じんりょく》があったと考えられている。

二〇一〇年、結婚《けっこん》五十六年目に、夫マーティン・ギンズバーグは転移癌《がん》に伴《ともな》う合併症《がっぺいしょう》により亡《な》くなった。マーティンが最初に癌《がん》で闘病《とうびょう》生活を送ったのは長女ジェーンの幼少期《ようしょうき》で、そのときは精巣癌《がん》と診断《しんだん》された。ギンズバーグにとってマーティンは最大の支援者《しえんしゃ》であり、「私《わたし》の賢《かしこ》さを気に入ってくれた、ただひとりの男性」[*11]だったと述べている。夫を亡《な》くした翌日《よくじつ》、ギンズバーグは「夫なら、私《わたし》にそう望むはず」[*12]だからと、最高裁法廷《さいこうさいほうてい》で意見を陳述《ちんじゅつ》した。

率直に発言するギンズバーグは、ポップカルチャーで数多く取り上げられてきた。ニューヨーク大学法学部の二年生が、アメリカのラッパー、ノトーリアスB.I.G.をもじって名づけた『ノトーリアスR.B.G.』というタイトルのブログも、そのひとつだ。

二〇一六年、ギンズバーグは『My Own Words』という論文集《ろんぶんしゅう》を出版し、ニューヨークタイムズのベストセラーリストに入った。

二〇一八年、CNNフィルムズはドキュメンタリー映画《えいが》『RBG　最強の八十五歳《さい》（原題RBG）』を制作し、作品は英国アカデミー賞一部門、アカデミー賞二部門、エミー賞四部門にノミネートされた。二〇一八年には、フェリシティ・ジョーンズ（訳注《やくちゅう》：イギリスの女優《じょゆう》、モデル）がギンズバーグを演じた映画《えいが》『ビリーブ　未来への大逆転（原題　On the Basis of Sex）』も公開された。

ギンズバーグはこれまで様々《さまざま》な賞を授与《じゅよ》されている。たとえば、男女同権《どうけん》と公民権《こうみんけん》への貢献《こうけん》でサーグッド・マーシャル賞を受賞し、ハーバード大学、エール大学、プリンストン大学、コロンビア大学、スウェーデンのルンド大学を含《ふく》む多数の大学から名誉《めいよ》法学博士号を授与《じゅよ》されている。二〇〇二年には全米女性の殿堂入《でんどうい》りを果たし、二〇〇四年にはフォーブス誌《し》から「世界で最も影響力《えいきょうりょく》のある百人の女性」、二〇一五年にはタイム誌《し》から「世界で最も影響力《えいきょうりょく》のある百人」のひとりに選ばれた。

このプロジェクトについて

「真のリーダーは、緊張《きんちょう》を和らげることに注力しなければならない。細やかな配慮《はいりょ》を要する複雑な課題にとりくんでいる時はとくにそうだ。過激《かげき》な勢力が力を伸《の》ばすのは社会が緊張《きんちょう》状態にある時が多く、感情にまかせれば合理的に考えられなくなる」

――ネルソン・マンデラ

このシリーズは、ネルソン・マンデラの生涯《しょうがい》に着想を得て、現代の影響力《えいきょうりょく》をもつリーダーたちが真に重要と考えていることを記録し、共有するために編まれました。

このシリーズは、ネルソン・マンデラ財団のプロジェクトとして、その思想や価値観《かちかん》、業績によって人々《ひとびと》を助け、奮《ふる》いたたせている六人の傑出《けっしゅつ》した多彩《たさい》なリーダーたち――男女三人ずつ――との五年にわたる独自インタビューによって構成されています。

この書籍《しょせき》の販売《はんばい》から得られた原著《げんちょ》者への著作権《ちょさくけん》料は、国際連合の年次評価によって定義されるすべての開発途上国《かいはつとじょうこく》、または市場経済《けいざい》移行国における翻訳《ほんやく》、ならびに本シリーズの内容にもとづく映画《えいが》、書籍《しょせき》、教育プログラムを無償《むしょう》で閲覧《えつらん》する権利《けんり》を支援《しえん》するために用いられます。

iknowthistobetrue.org

企《き》画《かく》・制作

「良い頭と良い心は、つねに最強の組み合わせだ」
——ネルソン・マンデラ

ルース・ベイダー・ギンズバーグと、このプロジェクトのために惜《お》しみなく時間を割《さ》いてくれた、我々《われわれ》の励《はげ》みとなるすべての寛大《かんだい》な指導者たちに、心より感謝します。

ネルソン・マンデラ財団
Sello Hatang, Verne Harris, Noreen Wahome, Razia Saleh and Sahm Venter

ブラックウェル&ルース
Geoff Blackwell, Ruth Hobday, Cameron Gibb, Nikki Addison, Olivia van Velthooven, Elizabeth Blackwell, Kate Raven, Annie Cai and Tony Coombe

私《わたし》たちは、世界中の社会の利益のために、マンデラが遺《のこ》した稀有《けう》な精神を広める一助となることを願っています。

フォトグラファーより

本書の肖像《しょうぞう》写真は、未熟者《みじゅくもの》の私《わたし》を指導し、手助けしてくれた、ブラックウェル&ルースの才能豊かなデザインディレクター、キャメロン・ギブが率いるチームの力添《ちからぞ》えのたまものです。私《わたし》はずっと、プロジェクトのどれかの写真を自分ひとりで撮《と》りたいと思っていました。撮《と》れると、うぬぼれていたといってもいいでしょう。しかし多くの試行と、かなりの錯誤《さくご》を重ねるうちに、キャメロンの惜《お》しみない指導と気配りがなければ、本シリーズの肖像《しょうぞう》写真はとうてい撮《と》れなかったことを思い知りました。ルース・ベイダー・ギンズバーグの撮影《さつえい》に際しては、ジョン・ボールの現場でのサポートにも感謝します。

——ジェフ・ブラックウェル

ネルソン・マンデラについて

ネルソン・マンデラは一九一八年七月十八日、南アフリカ共和国、トランスカイに生まれた。一九四〇年代前半にアフリカ民族会議（ＡＮＣ）に加わり、当時政権《せいけん》を握《にぎ》っていた国民党《こくみんとう》のアパルトヘイト（人種隔離政策《かくりせいさく》）への抵抗《ていこう》運動に長年携《たずさ》わる。一九六二年八月に逮捕《たいほ》され、その後の二十七年を超《こ》える獄中《ごくちゅう》生活のあいだ、反アパルトヘイト運動を推進《すいしん》するための強力な抵抗《ていこう》のシンボルとして着実に評価が高まっていった。一九九〇年に釈放《しゃくほう》されると、一九九三年にノーベル平和賞を共同受賞、一九九四年には南アフリカ初の民主的選挙によって選ばれた大統領となる。二〇一三年十二月五日、九十五歳《さい》で死去。

ネルソン・マンデラ財団について

ネルソン・マンデラ財団は、一九九九年、ネルソン・マンデラが大統領を退任したのちに、その後の活動拠点《きょてん》として設立された非営利団体です。二〇〇七年、マンデラはこの財団に、対話と記憶《きおく》の共有を通じて社会正義を促進《そくしん》する役割《やくわり》を賦与《ふよ》しました。

財団の使命は、公正な社会の実現に寄与《きよ》するために、ネルソン・マンデラの遺志《いし》を生かし、その生涯《しょうがい》と彼《かれ》が生きた時代についての情報を広く提供《ていきょう》し、重要な社会問題に関する対話の場を設けることにあります。

当財団は、その事業のあらゆる側面にリーダーシップ養成を組み入れる努力をしています。

nelsonmandela.org

注

*〈i〉 第二次世界大戦（1939年〜45年）後に発生した、マッカーシズムとして広く知られる。ソ連の東ヨーロッパ侵攻や、ソ連によるベルリン封鎖（1948〜49年）、中国の第二次国共内戦の終結、アメリカ政府高官によるソ連スパイ活動の告白、朝鮮戦争勃発などの国際的な出来事を受けて、共産党員によるスパイ活動への強い恐怖がアメリカ社会に広がった結果、共産党員および共産党シンパと見られる人々を排除しようとした動き。

*〈ii〉 サーグッド・マーシャル（1908〜93）アメリカの弁護士。アフリカ系アメリカ人として初のアメリカ合衆国連邦最高裁判事（1967〜91年）。公立学校の人種差別は不平等だとして争ったブラウン対教育委員会裁判など、数々の裁判で勝利をおさめた。

*〈iii〉 アメリア・メアリー・イアハート（1897年生まれ。1937年7月2日、太平洋上を飛行中に遭難。1939年1月5日、安否不明のまま死亡宣告）。アメリカの女性飛行士の草分け的存在。作家。女性飛行士として初めて、大西洋を単独横断飛行した。

*〈iv〉 ナンシー・ドルーは、1930年から始まった児童向けミステリーシリーズに登場する架空の人物。出版社の創設者エドワード・ストラッテメイヤーがキャロリン・キーン名義で、少年探偵ハーディー・ボーイズ・シリーズの少女版として始めた探偵シリーズの主人公。

*〈v〉 赤狩り。マッカーシズムとしても知られる。

*〈vi〉 非米活動委員会（下院非米活動委員会ともいう）。1938年、共産主義者とのつながりが疑われる民間人や公務員や団体による、国家への背信行為や破壊活動を調査する目的で、議会下院に設けられた特別委員会。

*〈vii〉 下院非米活動委員会の調査は、ジョセフ・マッカーシー上院議員の調査とよく比べられるが、マッカーシーは非米活動委員会に直接関わってはいなかった。マッカーシーは、上院政府活動委員会常設調査小委員会の委員長。

*〈viii〉 夫の候補となる男性を見つける目的で、大学に進学する若い女性を指す用語。

*〈ix〉 ジョン・ポール・スティーブンス（1920〜2019年）。アメリカの弁護士。法学者。1975年から2010年まで、アメリカ合衆国連邦最高裁判事。

*〈x〉 フランスの外務大臣、政治思想家、歴史家、『アメリカの民主主義』の著者であるアレクシ＝シャルル＝アンリ＝モリス・クレレル・ド・トクヴィルの引用。

*〈xi〉 ビリングス・ラーニッド・ハンド（1872〜1961年）。アメリカの裁判官。ニューヨーク州南部地区の連邦地方裁判所、および第二巡回区の連邦控訴裁判所の判事を務めた。

出典

*1　ジェフ・ブラックウェル、ルース・ホブデイ共著『200 Women: Who Will Change the Way You See the World（世界の見方を変える200人の女性）』クロニクルブックス、2017年、224頁

*2　同頁

*3　アッベ・R・グラック、ジリアン・メッガー共著『A Conversation with Justice Ruth Bader Ginsburg(ルース・ベイダー・ギンズバーグ判事との会話）』イエール大学ロースクール・リーガルスカラーシップ・レポジトリー、ファカルティ・スカラーシップ・シリーズ、9頁
https://digitalcommons.law.yale.edu/fss_papers/4905.

*4　同29頁

*5　ジェフリー・ローセン著『Ruth Bader Ginsburg Opens Up About #MeToo, Voting Rights, and Millennials（ルース・ベイダー・ギンズバーグ、#MeToo運動と選挙権とミレニアル世代について語る）』アトランティック誌2018年2月15日、https://www.theatlantic.com/politics/archive/2018/02/ruth-bader-ginsburg-opens-up-about-metoo-voting-rights-and-millenials/553409/.

*6　フロンティエロ対リチャードソン事件（No.71-1694）、1973年

*7　サーグッド・マーシャル『サンフランシスコの特許法および商標法協会の年次セミナーにおけるサーグッド・マーシャルのスピーチ』1987年5月6日、ハワイ州マウイにて開催されたセミナー
http://thurgoodmarshall.com/the-bicentennial-speech/.

*8　ブライアント・ジョンソン著『The RBG Workout: How She Stays Strong – and You Can Too!（RBGワークアウト：RBGが強靭でいられる秘訣を、あなたにも！）』ヒュートン・ミフリン・ハーコート社、2017年

*9　フロンティエロ対リチャードソン事件（No.71-1694）、1973年

*10　ラーニッド・ハンド判事の『自由の精神』スピーチより。1944年5月、I AM an American Day（アメリカ人の日。現在は　Citizenship Day 公民権の日）

*11　ジェフ・ブラックウェル、ルース・ホブデイ共著『200 Women: Who Will Change the Way You See the World（世界の見方を変える200人の女性）』クロニクルブックス、2017年、224頁

*12　ブライアン・P・スメントコウスキー、アーロン・M・フック著、ブリタニカ百科事典『ルース・ベイダー・ギンズバーグ』
https://www.britannica.com/biography/Ruth-Bader-Ginsburg.

Pages 7, 11, 12, 21, 29: 200 Women: Who Will Change the Way You See the World (Chronicle Books: San Francisco, USA, 2017), copyright © 2017 Blackwell and Ruth Limited; pages 13, 15, 43, 47: "A Conversation with Justice Ruth Bader Ginsburg", Abbe R. Gluck and Gillian Metzger, Faculty Scholarship Series, 2013, digitalcommons.law.yale.edu/fss_papers/4905;page 15:"Ruth Bader Ginsburg Opens Up About #MeToo, Voting Rights,and Millennials", © 2018 Jeffrey Rosen, as first published in The Atlantic,theatlantic.com/politics/archive/2018/02/ruth-baderginsburg-opens-up-about-metoo-voting-rights-and-millenials/553409;pages 19-20, 22: "University of Buffalo Honorary Degree Remarks", Amherst, New York, USA, 26 August 2019; page 33: Julie Cohen and Betsy West, RBG, 2018; page 39:"A Conversation with Justice Ruth Bader Ginsburg", The Record, 56, issue no.1 (Winter 2001): pages 11-22, reprinted with permission of the New York City Bar Association; page 53: "Honoring Ruth Bader Ginsburg", Colleen Walsh, The Harvard Gazette, 29 May 2015, news.harvard.edu/gazette/story/2015/05/honoring-ruth-bader-ginsburg; pages 63-64: "Remarks at the New York Historical Society", New-York Historical Society, 10 April 2018; page 65: Irin Carmon and Shana Knizhnik, Notorious RBG: The Life and Times of Ruth Bader Ginsburg (Dey Street Books, an imprint and division of HarperCollins, New York, USA, 2015); pages 72, 74: Nelson Mandela by Himself: The Authorised Book of Quotations edited by Sello Hatang and Sahm Venter (Pan Macmillan: Johannesburg, South Africa, 2017), copyright © 2011 Nelson R. Mandela and the Nelson Mandela Foundation, used by permission of the Nelson Mandela Foundation, Johannesburg, South Africa.

I Know This to Be True: Ruth Bader Ginsburg
Edited by Geoff Blackwell and Ruth Hobday

Acknowledgements for permission to reprint previously published
and unpublished material can be found on page 86.

Japanese translation rights arranged with
CHRONICLE BOOKS
through Japan UNI Agency, Inc., Tokyo

NELSON MANDELA
FOUNDATION
Living the legacy

ジェフ・ブラックウェル&ルース・ホブデイ

ジェフ・ブラックウェルは、ニュージーランドを拠点に、書籍やオーディオブックの企画・制作、展示企画、肖像写真・映像を手掛けている、ブラックウェル&ルース社のCEO。編集長のルース・ホブデイと組んで、40ヵ国の出版社から本を出版している。

橋本恵

はしもとめぐみ

翻訳家。東京生まれ。東京大学教養学部卒業。訳書に「ダレン・シャン」シリーズ、「デモナータ」シリーズ（以上、小学館）、「アルケミスト」シリーズ（理論社）、「カーシア国3部作」（ほるぷ出版）、『ぼくにだけ見えるジェシカ』（徳間書店）、『スアレス一家は、今日もにぎやか』『その魔球に、まだ名はない』（共にあすなろ書房）などがある。

信念は社会を変えた！

ルース・ベイダー・ギンズバーグ

2020年10月30日　初版発行

2021年3月10日　2刷発行

編者　ジェフ・ブラックウェル&ルース・ホブデイ

訳者　橋本恵

発行者　山浦真一

発行所　あすなろ書房

〒162-0041 東京都新宿区早稲田鶴巻町551-4

電話 03-3203-3350（代表）

印刷所　佐久印刷所

製本所　ナショナル製本

ISBN978-4-7515-3003-0 Printed in Japan

日本語版デザイン／城所潤＋大谷浩介（ジュン・キドコロ・デザイン）